O que
está
conduzindo
sua vida?

Rick Warren

O que está conduzindo ***sua vida?***

dez dias rumo a um novo começo

Vida

Vida

Editora Vida
Rua Conde de Sarzedas, 246 — Liberdade
CEP 01512-070 — São Paulo, SP
Tel.: 0 xx 11 2618 7000
atendimento@editoravida.com.br
www.editoravida.com.br
@editora_vida /editoravida

Editora-chefe: Sarah Lucchini
Tradução: Paulo Peres
Revisão de tradução: Gabriele Greggersen
Revisão de provas: Gabriella Cordeiro
e Jaqueline Angelica
Coordenadora de design gráfico:
Claudia Fatel Lino
Projeto gráfico, diagramação e capa:
Philipe Santos

O QUE ESTÁ CONDUZINDO SUA VIDA?

■

As opiniões expressas nesta obra refletem o ponto de vista de seus autores e não são necessariamente equivalentes às da Editora Vida ou de sua equipe editorial.

Todos os grifos são do autor, exceto os indicados.

1. edição: out. 2024

Dados Internacionais de Catalogação na Publicação (CIP)
(Câmara Brasileira do Livro, SP, Brasil)

Warren, Rick
O que está conduzindo sua vida? : dez dias rumo a um novo começo / Rick Warren.
-- São Paulo : Editora Vida, 2024.

ISBN 978-65-5584-554-9
e-ISBN: 978-65-5584-556-3

1. Deus (Cristianismo) 2. Literatura devocional 3. Transformação espiritual
I. Título.

24-220054 CDD 242

Índice para catálogo sistemático:
1. Literatura devocional : Cristianismo 242
Eliane de Freitas Leite - Bibliotecária - CRB 8/8415

Sumário

Introdução

O MUNDO ESTÁ se movendo em um ritmo frenético, e muitas vezes sentimos a pressão de estar sempre um passo à frente – ou de, pelo menos, tentar acompanhar as mudanças. Talvez você esteja tentando dar sentido à sua vida e agregar um pouco de significado a cada dia. Embora possa parecer que esteja sendo levado pelas circunstâncias, a verdade é diferente. Você é quem decide o que conduz a sua vida – **e todos somos guiados por algo.**

A palavra "conduzir" significa guiar, controlar ou direcionar. Por exemplo, ao martelar um prego na madeira, você guia, controla e direciona o objeto para dentro da madeira. Da mesma forma, quando você conduz um carro, você guia, controla e direciona o veículo pela rua.

O que está conduzindo sua vida?

Agora mesmo, você pode estar sendo movido por algum problema, pressão ou prazo. Talvez seja culpa, ressentimento, medo, materialismo ou necessidade de aprovação que impulsione você. Centenas de circunstâncias, padrões e sentimentos podem afetar a nossa vida, e cada um nos deixa exaustos.

É possível que você esteja sendo influenciado por acontecimentos recentes e procurando valor em coisas passageiras. Você sente a tensão de uma sociedade polarizada e da rápida evolução tecnológica e, como consequência, carrega um fardo emocional que nunca foi destinado a ser seu.

Até mesmo a religião pode controlar sua vida e o deixar desgastado, sem rumo. Sabe por quê? Porque a religião é a tentativa da humanidade de se aproximar do Senhor. Uma lista de regras, regulamentos e restrições que as pessoas acham necessárias para agradar a ele. No entanto, Jesus é o plano de Deus para se achegar à humanidade. Cristo não disse: "Vim para instituir a religião", mas "[...] vim para que tenham vida e a tenham em abundância" (João 10.10, NAA).

Existem inúmeras forças que podem interferir em sua vida, mas todas levam ao mesmo fim: potencial não utilizado, estresse desnecessário e uma vida frustrada.

Você precisa de um propósito maior do que a si mesmo para orientar sua existência

Nada compensa a falta de um propósito definido – nem sucesso, riqueza, fama ou prazer. Sem uma direção clara, sua vida parecerá um movimento ou uma atividade sem sentido.

Você se sentirá como se estivesse perdido, sem um mapa para ajudá-lo a tomar suas decisões, alocar seu tempo e gerenciar seus recursos. Consequentemente, continuará mudando de rumo, empregos, relacionamentos ou igrejas, na esperança de que cada mudança resolva a confusão ou preencha o vazio em seu coração.

Para descobrir seu propósito, você precisa falar com Deus, que é o seu Criador, e ler a Bíblia, o manual de instruções para a vida. Você não se criou a si mesmo, portanto, não há como determinar por conta própria para o que foi criado.

A Palavra do Senhor é clara: "[...] Pois tudo, absolutamente tudo [...] começou nele e nele encontra propósito [...]" (Colossenses 1.15-18, AM).

Deus deseja que sua vida seja guiada pelos propósitos **dele** – as cinco coisas para as quais você nasceu:

- conhecê-lo e amá-lo;
- pertencer à sua família;
- crescer na fé;
- servir aos outros;
- contar aos outros sobre ele.

Esse é o real sentido da vida

Verdade seja dita, é impossível atender a todas as expectativas das pessoas ou realizar tudo o que este mundo diz que **deveríamos** fazer. Temos a quantidade certa de tempo para cumprir a vontade de Deus e correr atrás dos propósitos para os quais ele nos criou. Ninguém tem energia suficiente para dedicar sua devoção e foco a coisas diferentes, mesmo que sejam boas.

A Bíblia afirma o seguinte: "[...] como pessoas que foram trazidas da morte para a vida, entreguem-se completamente a Deus, para que ele use vocês a fim de fazerem o que é direito" (Romanos 6.13, NTLH).

Entregar a vida para Jesus e seguir ao Senhor com todo o coração não significa fazer mais ou se sobrecarregar com regras e restrições. Pelo contrário, trata-se de entender que fomos criados para ter um relacionamento com Deus Pai. Quando, de fato, o conhecemos e confiamos a ele nosso futuro, recebemos sabedoria e uma nova perspectiva sobre nossas dores. Ele nos ajuda a deixar de nos importar com questões que nunca nos satisfarão, para que possamos focar em **seu** caminho. Ele revela seu propósito, um passo de cada vez.

Ele dá a você um novo começo

Caso esteja se sentindo exausto, frustrado e inquieto hoje, tenho boas notícias. Deus não o deixou sozinho para descobrir qual caminho seguir. Ele nos deu sua Palavra para encher a nossa vida de propósito e paz, além de nos ajudar a permanecer no caminho certo. Em Mateus 6.11, Jesus nos ensina a pedir em oração: "Dá-nos hoje o pão nosso de cada dia". É isso que O Senhor faz – ele nos dá a direção **todos os dias**.

É difícil imaginar o que Deus pode fazer em sua vida quando você se compromete com os propósitos dele. Em Efésios 3.20-21, está escrito: "Vocês sabem muito bem que Deus pode fazer qualquer coisa, muito mais do que poderiam imaginar ou pedir nos seus sonhos! [...]" (AM). A Palavra trará descanso, renovação e clareza a você. E à medida que se aproximar do Altíssimo, sua alma será revitalizada.

Sua renovação começa agora

Durante os próximos dez dias, este livro ajudará você a descobrir o que precisa ser renovado e o que pode ser transformado em sua vida.

Enquanto você faz uma pausa diária para considerar o que está conduzindo sua vida, aprenderá como obter o poder para mudar seu foco das coisas terrenas para as coisas eternas.

Antes de iniciar esta jornada, certifique-se de que seu coração e mente estão prontos para ouvir Deus. Existe algo que está impedindo você de ouvi-lo? Vivemos em um mundo saturado de mídia. Você permitiu que o pessimismo ou o ciclo de notícias 24 horas ocupassem muito do seu tempo ou atenção? Se sim, é hora de parar com isso e assumir um compromisso ousado.

Aqui está o desafio: nos próximos dez dias, mude de marcha. Em vez de se afundar em negatividade e distrações, que tal dedicar tempo para buscar a Deus? Deixe de lado tudo o que abafa a voz do Senhor em sua vida, para que possa ouvi-lo. É hora de um novo começo que só ele pode dar.

Você está pronto para o desafio? Dê o primeiro passo e comece essa jornada de transformação. Conforme você ouvir Deus e permitir que ele guie sua vida, ficará surpreso com a diferença que isso fará em apenas dez dias.

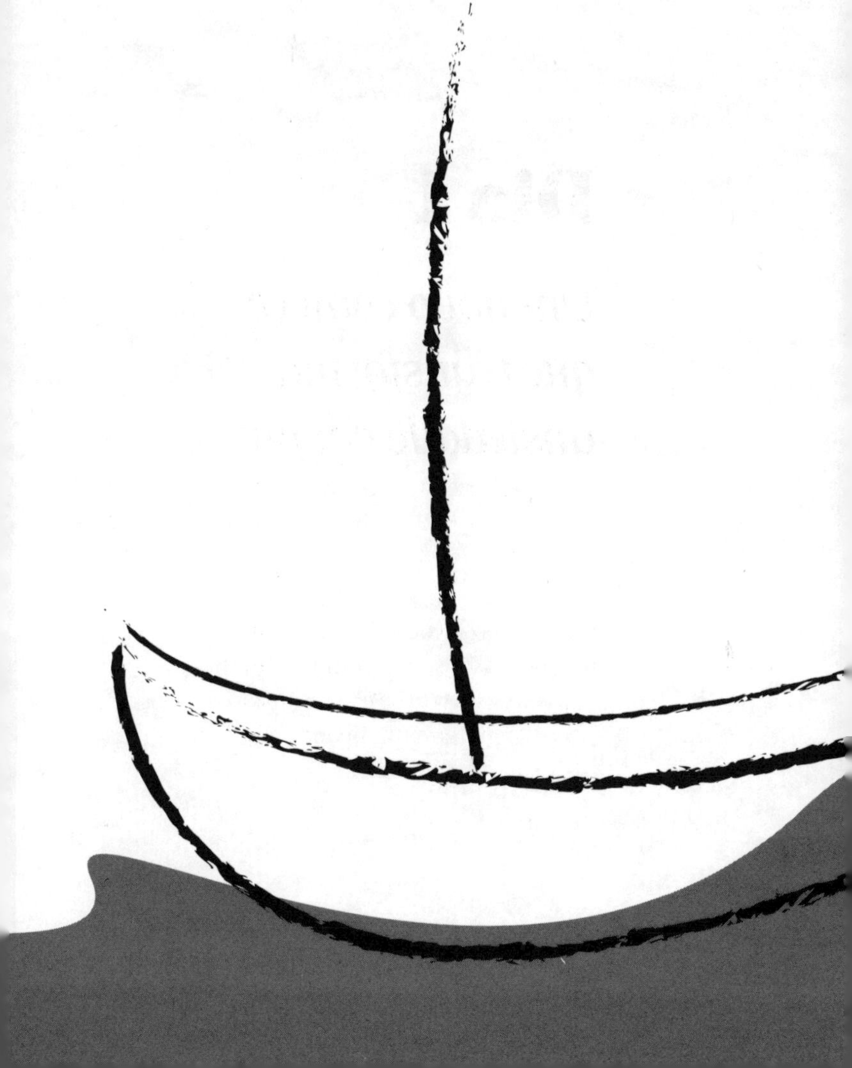

Dia 1

Um novo começo que transforma ansiedade em paz

Deixo a paz a vocês; a minha paz dou a vocês. Não a dou como o mundo a dá. Não se perturbe o seu coração, nem tenham medo (João 14.27).

Ao dar lugar a Jesus em sua vida, ele oferece a você um dos maiores presentes possíveis: a paz. Cristo disse: "Deixo a paz a vocês; a minha paz dou a vocês. Não a dou como o mundo a dá. Não se perturbe o seu coração, nem tenham medo" (João 14.27).

A paz que o mundo oferece é temporária. Nos últimos trezentos anos, centenas de tratados de paz foram assinados, mas quase nenhum foi mantido.

Afinal, é algo totalmente circunstancial. Por exemplo, se você tem um bom emprego, sente-se seguro, mas se perder o emprego, tal segurança desaparece. Se há dinheiro no banco, você não se preocupa, mas quando o dinheiro acaba, a tranquilidade se vai.

Jesus, por outro lado, oferece um tipo diferente de paz, que, segundo a Bíblia, "[...] excede todo o entendimento [...]" (Filipenses 4.7).

Ou seja, mesmo quando tudo ao redor estiver em caos e não houver razão aparente para estar calmo, por alguma razão inexplicável, você estará em paz. Essa é a paz que excede todo o entendimento – e a única pessoa que pode oferecê-la é Jesus, o Príncipe da Paz.

Ele quer lhe dar essa paz para que você não fique ansioso nem tenha medo.

Sempre que Jesus está presente em um lugar, ele o enche de paz. Existem áreas em sua vida tomadas por preocupação, desordem, ansiedade ou medo? Essas são as áreas nas quais você ainda não convidou Jesus para entrar. Suas preocupações são indicadores dos aspectos que você ainda não submeteu a Deus. Isso pode incluir suas finanças, vida amorosa, carreira, criação de filhos, agenda ou ministério. Seja o que for, você precisa se desapegar e entregar tudo a Jesus.

A única maneira de ter paz de verdade é entregar todas as partes da sua vida a Deus para que ele as use como bem desejar. Só assim, você terá uma paz que resistirá a todas as pressões da vida.

Oração:

"Deus, quero ter a paz que excede todo o entendimento, que substitui meu medo por confiança e minha preocupação por descanso. Sei que existem áreas em minha vida que precisam ser avaliadas com humildade e honestidade. Algumas só geraram desordem e caos; por isso, desejo que estejam sob seu controle. Por favor, revela-me as áreas que ainda não submeti ao Senhor, para que eu possa entregá-las por completo e experimentar uma paz duradoura".

Dia 2

Um novo começo focado na provisão de Deus

Mas, lembrem-se do Senhor, o seu Deus,
pois é ele que dá a vocês a capacidade de
produzir riqueza, confirmando a aliança
que jurou aos seus antepassados,
conforme hoje se vê
(Deuteronômio 8.18).

De acordo com a Bíblia, Deus é a fonte de nossas finanças e quem supre todas as nossas necessidades.

Em Deuteronômio 8.18, está escrito: "Mas, lembrem-se do Senhor, o seu Deus, pois é ele que dá a vocês a capacidade de produzir riqueza, confirmando a aliança que jurou aos seus antepassados, conforme hoje se vê".

Mas o que isso muda no seu cotidiano?

Em vez de buscar segurança financeira em seu chefe, confiar em sua conta poupança e contar com seus investimentos ou bens materiais, você deve olhar para o Senhor e confiar nele. Em outras palavras, não dependa de ninguém além de Deus para atender às suas necessidades.

Para ilustrar a questão, pense em uma torneira. Embora a água passe por ela, não vem realmente dali, mas de um reservatório ou poço. Do mesmo modo, o dinheiro que Deus deseja dar a você pode vir por meio de um emprego, investimento ou outra fonte.

No entanto, ele sempre é a fonte.

Não se preocupe com a maneira como ele atenderá às suas necessidades. O Senhor diz a você: "Se eu fechar uma torneira, posso abrir outra com a mesma facilidade. Se você perder um emprego, posso lhe dar outro. Seu trabalho e conta bancária não são sua fonte. Eu sou sua fonte".

Talvez pareça que sua torneira tenha secado. Mas, ciente de que o suprimento de Deus nunca se esgota, você crê que ele já escolheu outra maneira de prover para você.

Preocupações revelam as áreas na quais não confiamos em Deus. Peça a ele que ajude a identificar esses pontos de desconfiança. Ore para ter mais fé e creia que ele proverá tudo o que você precisa para cumprir sua vontade.

Depois, observe as "torneiras" que ele usará para suprir suas necessidades.

Oração:

"Deus, ajuda-me a confiar em ti para prover todas as minhas necessidades, pois sei que tudo o que tenho vem do Senhor. Estou preocupado com minhas questões financeiras. Contudo, o Senhor sempre abriu um caminho para mim e prometeu que me daria tudo o que precisasse para cumprir meu propósito. Por isso, manterei meus olhos voltados para o alto e esperarei que proves tua fidelidade mais uma vez. Por favor, dá-me paciência enquanto espero pelo teu tempo perfeito".

Dia 3

Um novo começo enraizado em pensamentos transformados

Feliz é aquele que [...] tem prazer na
lei do Senhor e nela medita dia e noite.
Ele é como a árvore plantada à margem
do rio, que dá seu fruto no tempo certo.
Suas folhas nunca murcham, e ele
prospera em tudo que faz
(Salmos 1.1-3, NVT).

Se você deseja transformar sua vida, comece mudando sua forma de pensar.

Essa é a chave para um novo começo em qualquer aspecto da vida – seja um hobby, carreira, casamento ou família. Em Efésios 4.23, está escrito: “Deixem que o Espírito renove seus pensamentos [...]” (NVT).

Renovar a mente significa adotar novos pensamentos e atitudes. Consiste em entregar ao Senhor suas atitudes e pensamentos errados, para que ele “[...] os transforme por meio de uma mudança em seu modo de pensar [...]” (Romanos 12.2, NVT).

Para renovar sua mente, duas ações são essenciais:

Em primeiro lugar, dê mais atenção à Palavra de Deus do que ao mundo. A Bíblia afirma que "feliz é aquele que [...] tem prazer na lei do Senhor e nela medita dia e noite. Ele é como a árvore plantada à margem do rio, que dá seu fruto no tempo certo. Suas folhas nunca murcham, e ele prospera em tudo que faz" (Salmos 1.1-3, NVT). Você gostaria que essas características fossem uma verdade em sua vida? Portanto, medite na Palavra do Senhor diariamente.

Segundo, examine seus pensamentos. Em vez de aceitar tudo o que vier à sua mente, pergunte a si mesmo: "Quero realmente pensar isso? É verdade? É útil? Como isso me afeta? Quero mesmo me sentir dessa forma?".

A Bíblia nos instrui a levar "[...] cativo todo pensamento, para torná-lo obediente a Cristo" (2Coríntios 10.5). Todo sentimento começa com um pensamento. O que você pensa é uma escolha sua, e não é necessário acreditar em tudo o que passa pela sua cabeça. Quando perceber um pensamento que sabe ser mentira, substitua-o pela verdade de Deus. E a única maneira de conhecer a verdade é por meio da leitura da Bíblia.

Comece a mudar seus pensamentos hoje. Isso proporcionará um novo começo e mudará sua vida.

Oração:

"Pai, quando meus pensamentos e atitudes não estão enraizados em sua Palavra, facilmente me desanimo e torno-me egoísta ou impaciente. Quero conhecer mais o Senhor e compreender melhor sua Palavra. Por isso, peço hoje a ajuda do Espírito Santo para ser mais disciplinado em meu estudo bíblico, para que possa meditar na Palavra ao longo do dia. Por favor, inunde minha mente com seu amor e verdade, para que viva meu propósito e encontre alegria em amar ao Senhor e aos outros".

Dia 4

Um novo começo para estender graça às pessoas

Sejam sempre humildes
e amáveis, tolerando pacientemente
uns aos outros em amor
(Efésios 4.2, NVT).

Nenhum relacionamento sobrevive sem a graça. É necessário dar uma folga às pessoas.

Você precisa deixar certas coisas passarem.

A Bíblia diz que o amor "tudo sofre, tudo crê, tudo espera, tudo suporta" (1Coríntios 13.7). No original grego, a palavra traduzida como "suporta" também tem a conotação de cobrir algo, assim como um teto cobre uma casa, por exemplo. Imagino que você jamais compraria uma casa sem teto; afinal, não teria proteção contra o vento e as chuvas. O teto cobre e protege o interior da casa.

Do mesmo modo, o amor bíblico cobre um relacionamento e releva algumas coisas. Não responsabiliza as pessoas por cada pequeno erro que cometem. Precisamos de um "teto" em nossos relacionamentos porque nos machucamos com facilidade; e necessitamos do tipo de amor que estenda graça.

Mas por que a graça é essencial para relacionamentos?

Porque somos todos pecadores. Se você é casado, se casou com um pecador – e seu cônjuge também. Um casal imperfeito nunca constituirá uma aliança perfeita. E o mesmo vale para as amizades. Nenhuma é perfeita porque nenhum amigo é perfeito. Dois indivíduos falhos jamais terão um relacionamento perfeito.

A Bíblia afirma em Romanos 3.10 que "[...] não há nenhum justo, nem um sequer". Ninguém acerta 100% das vezes, e raramente a culpa é de um só. Todos podemos errar, e há sempre responsabilidade em ambos os lados. Dizem que "é preciso duas pessoas para dançar tango". Também é preciso duas para discordar.

Por isso, a Bíblia diz que devemos aprender a estender graça uns aos outros. O perdão é uma via de mão dupla. Não podemos receber o que não estamos dispostos a dar.

Você constrói relacionamentos fortes tratando as pessoas da mesma forma que Deus trata você. Romanos 15.7 diz o seguinte: "[...] aceitem-se uns aos outros, da mesma forma que Cristo os aceitou". Aceitar os outros pode envolver escutar um amigo sem julgar ou permitir que um familiar cansado e irritado tenha seu espaço.

Estender graça significa aceitar os outros da maneira que são e amá-los, apesar de suas falhas.

Oração:

"Deus, a cada dia Tu me ofereces amor, perdão e graça ilimitados. Enquanto tento me parecer mais com o Senhor e fortalecer meus relacionamentos, desejo aceitar as pessoas da maneira que fui aceito. Nem sempre é fácil ser generoso com os outros – especialmente com aqueles que me machucaram. Por favor, lembre--me de que não preciso ter a última palavra e apontar erro nenhum. Ajude-me a relevar as pequenas coisas e a buscar aconselhamento para lidar com qualquer ferida mais profunda que esteja me prendendo".

Dia 5

Um novo começo para descobrir sua identidade

[...] Nosso propósito não é agradar as pessoas, mas a Deus, que examina as intenções de nosso coração (1Tessalonicenses 2.4, NVT).

Deus criou você para ser **você mesmo**, não para se ajustar às expectativas dos seus pais, cônjuge, chefe ou amigos.

Ele deseja que você seja exatamente quem ele o criou para ser. Isso significa recusar as definições impostas pelos outros.

Em Hebreus 11.24, lemos: "Pela fé, Moisés, já adulto, recusou ser chamado filho da filha do faraó". Moisés enfrentou uma crise de identidade. Embora tivesse nascido escravo, foi criado como membro da realeza egípcia. Ao crescer, deparou-se com duas opções: fingir ser neto do faraó pelo resto da vida e continuar desfrutando de luxo, fama e poder, ou admitir quem realmente era: um hebreu. Essa escolha levaria à expulsão da família real e a uma vida de escravidão. Ele seria desonrado, humilhado e teria uma vida de dor e trabalho árduo.

Qual opção você escolheria?

Hoje, muitas pessoas vivem mentiras – tentam ser alguém que não são. No entanto, Moisés recusou viver uma mentira porque era um homem de integridade. Apesar de toda pressão dos colegas, insistiu em ser quem Deus o havia criado para ser.

Quem você está deixando determinar sua identidade?

Algumas pessoas perderam seus pais há anos, mas ainda tentam viver conforme as expectativas deles. Outras estão presas ao que um ex-marido ou ex-esposa disse, tentando provar que estavam errados. Há também aqueles que tentam seguir o que a cultura diz. Contudo, a Bíblia nos lembra: "[...] Nosso propósito não é agradar as pessoas, mas a Deus, que examina as intenções de nosso coração" (1Tessalonicenses 2.4, NVT).

Escolha ser quem Deus o criou para ser. Diga a si mesmo: "Não permitirei mais que outras pessoas me moldem. Seguirei a vontade do Deus e cumprirei o plano que ele tem para minha vida – não o plano de outra pessoa".

Esse é o verdadeiro significado de sucesso na vida. O Senhor quer que você seja exatamente quem ele o criou para ser – nada mais.

Oração:

*"Deus, obrigado por eu não precisar
ser nada além do que me criaste para ser.
Preciso de sabedoria para buscar as coisas
que me ajudam a cumprir meu propósito
e me tornar mais parecido com o Senhor.
Quando eu for tentado a agir de certa
maneira para ganhar a aprovação de alguém,
por favor, traga à minha memória a Palavra
e a verdade de que meu único propósito é
agradar a ti, não às pessoas. Quero que meu
sucesso seja definido por como sigo e
honro fielmente ao Senhor".*

Dia 6

Um novo começo para enfrentar o futuro sem medo

O Senhor protege todos
os que o amam [...]
(Salmos 145.20, NAA).

QUANDO DEPOSITAMOS NOSSA confiança em Cristo, não precisamos temer o futuro, pois a bondade e a misericórdia dele nos acompanham todos os dias.

Seguimos o Bom Pastor, que vai à nossa frente com seu cajado. E atrás de nós, como dois cães pastores, estão a bondade e a misericórdia, a nos guiar para que não desviemos do caminho.

A bondade do Senhor está cuidando de você. Sabia que ele observa cada segundo da sua vida? Deus está sempre atento porque você foi criado para ser amado. Ele conhece cada detalhe seu. O salmo 145.20 nos assegura: "O Senhor protege todos os que o amam [...]" (Salmos 145.20, NAA).

Além de cuidar de você, ele também o protege. A Bíblia afirma que "[...] ele ordenará a seus anjos que o protejam aonde quer que você vá" (Salmos 91.11, NVT).

Ser protegido por Deus não significa que somente coisas boas acontecerão com você. Ainda haverá decepção e dor. No entanto, ele promete que tudo o que acontecer resultará em algo bom, mesmo que você não consiga entender a maneira como ele está trabalhando.

A misericórdia e a graça do Senhor sempre agem em você. Conforme está escrito em Isaías 60.10: "[...] por causa de minha graça terei misericórdia de você" (NVT).

Graça é quando Deus lhe dá o que você não merece, enquanto misericórdia é quando ele **não** lhe dá o que **você merece**. Por conta de todos os pecados, falhas e erros que já cometeu, você merece punição, mas Deus o perdoa por meio de Cristo. Isso é misericórdia.

É da natureza do Senhor ser misericordioso. Ele nunca se cansa de demonstrar sua misericórdia e não se irrita quando você volta para pedir mais.

A verdade é que ele está com você a cada momento, todos os dias, sempre a oferecer sua bondade e misericórdia.

Ninguém sabe o que acontecerá na próxima semana, muito menos na próxima década. Mas ao encarar o futuro, lembre-se: Deus abençoará sua vida abundantemente, e sua bondade e misericórdia estarão com você. Não há motivo para temer.

Oração:

"Pai, o Senhor é tão generoso em me acompanhar durante minhas provações e revelar sua bondade. Não preciso olhar para trás com medo e posso encarar o futuro com confiança, porque sabes de tudo e está trabalhando para o meu bem. Obrigado por me amar e nunca esgotar sua graça e misericórdia. Por favor, ajude-me a enxergar minhas circunstâncias através das lentes da sua bondade, para que me lembre de que não estou sozinho".

Dia 7

Um novo começo após uma falha

Esqueçam o que se foi; não vivam no passado. Vejam, estou fazendo uma coisa nova! Ela já está surgindo! Vocês não a reconhecem? Até no deserto vou abrir um caminho e riachos no ermo (Isaías 43.18-19).

O SENHOR É o Deus das segundas chances – e das centésimas e milésimas também.

A Bíblia está repleta de pessoas que receberam uma nova oportunidade. Abraão alegou que sua esposa era sua irmã por falta de fé na proteção de Deus. Moisés assassinou um homem. Sansão sucumbiu à raiva e luxúria. Raabe era uma prostituta. Davi cometeu adultério e orquestrou a morte do marido da mulher com quem se envolveu. Mesmo assim, todos esses personagens são citados como exemplos de fé em Hebreus 11.

Nosso Pai Celestial adora dar novas chances. Se fosse necessário ser perfeito para receber a graça de Deus, ninguém teria uma chance.

Um dos amigos de Jó ofereceu o seguinte conselho para ele se recuperar das perdas e voltar ao plano original de Deus:

> Contudo, se você lhe consagrar o coração e estender as mãos para ele; se afastar das suas mãos o pecado e não permitir que a maldade habite em sua tenda, então você levantará o rosto sem envergonhar-se; será firme e destemido. Você esquecerá as suas desgraças, lembrando-as apenas como águas passadas. A vida será mais refulgente que o meio-dia, e as trevas serão como a manhã em seu fulgor. Você estará confiante, graças à esperança que haverá; olhará ao redor e repousará em segurança (Jó 11.13-18).

Que promessa maravilhosa! Quando você se arrepende, o Senhor sempre oferece outra chance – acompanhada de coragem, esperança, proteção e descanso.

Para avançar em direção ao sonho de Deus para sua vida, você precisará fechar a porta do passado e abandonar sua tristeza, culpa e rancores para seguir em frente com fé.

Esqueçam o que se foi; não vivam no passado. Vejam, estou fazendo uma coisa nova! Ela já está surgindo! Vocês não a reconhecem? Até no deserto vou abrir um caminho e riachos no ermo (Isaías 43.18-19).

Confie no Senhor hoje para receber sua segunda chance. Você perceberá que até os dias mais sombrios do seu passado serão como a manhã no seu fulgor. E no deserto da sua dor, surgirão riachos.

Oração:

"Deus, por favor, perdoe-me pelas vezes em que falhei em seguir seu plano. Apeguei-me a tantas coisas que me impediram de buscar o Senhor e sua vontade com todo meu coração e mente. Faça o que for necessário em minha vida para me colocar no caminho certo. Obrigado por um novo começo e outra chance de me tornar uma pessoa de fé. Ajude-me a deixar de lado minha culpa para que possa continuar avançando em direção ao meu propósito".

Dia 8

Um novo começo baseado na renovação, não no estresse

De madrugada, quando ainda estava escuro, Jesus levantou-se, saiu de casa e foi para um lugar deserto, onde ficou orando (Marcos 1.35).

A CHAVE PARA resistir ao estresse é justamente o que alguns cristãos menos fazem: passar tempo a sós com Deus. Essa prática espiritual é essencial para desenvolver um espírito resiliente e lidar com o estresse crônico.

Orar é uma ótima forma de aliviar o estresse. É como uma câmara de descompressão, na qual você pode liberar a tensão de manter aparências ou corresponder à expectativa de pessoas. Nesse espaço, você descarrega seus fardos e admite que não pode carregá-los sozinho. Além disso, você é lembrado de que Deus está pronto e disposto a ajudá-lo em cada situação estressante.

Mas como é possível desenvolver o hábito de passar tempo a sós com o Senhor? Duas palavras:

prática e repetição. Nada se torna um hábito, a menos que você o faça repetidas vezes, de maneira regular e consistente.

Jesus tinha hábitos espirituais. Em Lucas 22.39, está escrito que ele costumava deixar Jerusalém e ir ao Monte das Oliveiras para orar. E Marcos 1.35 diz o seguinte: "De madrugada, quando ainda estava escuro, Jesus levantou-se, saiu de casa e foi para um lugar deserto, onde ficou orando".

Não importava o quão ocupado estivesse, Cristo sabia que precisava de um tempo a sós com Deus para orar. Você costuma ter um tempo assim também, em que desacelera e fica em silêncio diante do Senhor para refletir sobre a vida e renovar suas forças? Se deseja ser uma pessoa resiliente, desenvolva o hábito de passar tempo com ele.

Enquanto a fama de Jesus se espalhava e grandes multidões vinham para ouvi-lo, ele fazia do tempo a sós com Deus um hábito. A Bíblia diz que "[...] Jesus retirava-se para lugares solitários e orava" (Lucas 5.16). Se Jesus sentiu a necessidade de frequentemente se afastar da multidão e ficar a sós com o Pai Celestial, quem dirá nós.

Como o barulho muitas vezes causa estresse, considere começar sua manhã com Deus em vez de conferir o telefone, assistir TV ou checar as redes sociais. Fique em silêncio e abra seu coração para o que ele quer fazer em você. Faça da meditação na Palavra e da presença do Senhor um hábito diário.

Oração:

"Deus, quero ser fiel nos meus hábitos espirituais, mas preciso da tua ajuda. Tenho permitido que meu telefone, minhas responsabilidades e meu cansaço me impeçam de priorizar meu tempo a sós com o Senhor, apesar de saber que isso melhoraria todo o resto do meu dia. Dá-me sabedoria para fazer escolhas que me levem à maturidade espiritual. Por favor, dá-me o desejo, acima de tudo, de passar tempo em tua presença todos os dias e conhecer melhor a ti e a tua Palavra".

Dia 9

Um novo começo que depende da direção divina

[...] Para alguém aí que não
saiba para onde está indo, alguém
que esteja tateando no escuro, aqui está:
confie no Eterno. Fique na dependência
do seu Deus [...]!
(Isaías 50.10-11, AM).

Nos dias sombrios, a luz de Jesus é necessária. Quando você não consegue enxergar o caminho à frente, está confuso ou indeciso, não sabe o que é melhor ou o que fazer a seguir, você precisa da luz do Senhor.

Quando você se sente perdido, pessoas bem-intencionadas podem dizer: “Confie em si mesmo. Siga seus instintos”. Mas qualquer um que já tentou fazer isso sabe que, na melhor das hipóteses, você está certo apenas 50% do tempo. Sua perspectiva é limitada e sua luz é fraca, como aquelas pequenas lanternas de chaveiro que não iluminam nada. Se confiar apenas em si mesmo, você provavelmente terá dificuldade para tomar boas decisões.

Em vez disso, considere o que a Bíblia diz: "[...] Para alguém aí que não saiba para onde está indo, alguém que esteja tateando no escuro, aqui está: confie no Eterno e fique na dependência do seu Deus [...]" (Isaías 50.10-11, AM). Não confie em sua própria luz, mas na do Senhor.

Se você deseja ter a perspectiva de Deus a respeito de seus problemas, precisa conhecê-lo por meio da Bíblia. Leia, estude e sature sua mente e coração com a Palavra, pois é nela que você sempre encontrará a vontade de Deus.

Fico impressionado com a quantidade de pessoas que perde tempo esperando que Deus lhes dê um sinal em vez de simplesmente ler as instruções que ele já forneceu. Se você quer permanecer no caminho certo, precisa estudar a Bíblia. O Senhor promete guiá-lo se você permitir. Ele diz:

> [...] vou tomar a mão dos que não sabem o caminho, que não conseguem enxergar por onde estão indo. Serei seu guia pessoal, conduzindo-os através de terras desconhecidas. Estarei ali para mostrar as estradas que devem escolher, para não deixar que caiam nas valetas. São essas as

coisas que farei por eles — vou ficar perto deles, não os abandonarei por um minuto sequer (Isaías 42.10-16, AM).

Permita que Deus seja seu guia pessoal a partir de agora. Você nunca tropeçará no escuro se deixar a luz da Palavra iluminar sua vida.

Oração:

"Pai, enquanto me preocupo com o que está por vir, agradeço pela tua presença, paz e promessa de me guiar todos os dias da minha vida. Embora eu não possa prever o futuro, sei que me revelarás o próximo passo que devo dar, e isso é o suficiente para mim. Permanecerei perto do Senhor por meio da oração e da Palavra, sempre atento, na certeza de que teu plano é o melhor".

Dia 10

Um novo começo que conduz ao descanso

Venham a mim [...]
e eu darei descanso a vocês
(Mateus 11.28).

Quando Jesus diz, "Venham a mim [...] e eu darei descanso a vocês" (Mateus 11.28), de que tipo de descanso está falando?

Ele oferece um alívio para a alma que vai além do descanso físico, pois sabe que o problema que você está enfrentando agora mesmo provavelmente não se limita a um cansaço muscular.

Quando você se aproxima de Cristo em momentos de exaustão, sua mente, alma e espírito estão sobrecarregados. Você precisa descansar não apenas do trabalho, mas da tensão, estresse, ansiedade, pressa e preocupação do cotidiano; e necessita de um descanso que não se consegue com um bom cochilo ou férias.

A maioria das pessoas tem diferentes maneiras de relaxar dependendo se o cansaço é físico, emocional ou espiritual. Quando está cansado, talvez você assista a um filme ou passe tempo no celular. Talvez prefira se deitar ou fazer uma caminhada. Pode ser que goste de passar tempo com amigos ou prefira ficar sozinho.

Todas essas coisas podem ser boas, mas nenhuma delas restaura sua alma.

Somente Deus pode fazer isso. Por essa razão, Jesus deseja que você vá até ele quando sentir um vazio na alma, uma depressão ou sobrecarga espiritual.

Isaías 40.29 diz: "Ele fortalece o cansado e dá grande vigor ao que está sem forças".

Quando você se sente vazio por dentro, a sociedade afirma que isso ocorre porque você não está se esforçando o bastante. Ou seja, é preciso ganhar mais dinheiro, adquirir mais coisas, realizar mais atividades, viajar mais. É um ciclo incessante na busca por mais, mais e mais. Contudo, essa é provavelmente a razão pela qual você está vazio.

Jesus quer que você faça o oposto. Vá até ele – exatamente como está.

Sua alma nunca encontrará descanso no que o mundo tem a oferecer, pois ela não foi criada para ser satisfeita por nada neste mundo.

Você foi feito para Deus, e só encontrará descanso de verdade quando trouxer sua alma cansada até ele.

Oração:

"Deus, estou cansado. Sei que uma mudança na minha agenda ou nas minhas finanças não é a solução — o que realmente preciso é vir até tua presença em busca de ajuda e dedicar tempo à adoração e intimidade com Senhor. Ajude-me a resistir à pressão do mundo, que me força a provar meu valor por meio do trabalho e da correria diária. Ensina-me também a rejeitar as soluções superficiais que a sociedade oferece para o cansaço. Quero encontrar descanso para minha alma e ser cheio do teu Espírito, ao entregar cada preocupação e fardo em tuas mãos".

Próximos passos

Um novo começo com momentos diários com Deus

Você está pronto para transformar o restante da sua vida na melhor fase de todas?

Em Tiago 5.11, está escrito: "Consideramos felizes aqueles que permanecem firmes em meio à aflição [...]" (NVT). Portanto, não se distraia. Não ceda ao pânico, às preocupações ou ao desespero. Mantenha seus olhos fixos na promessa de que Deus vê seu coração, cuida de você e está trabalhando para cumprir o propósito dele em sua vida. Em momentos de mudanças ou incerteza, focar na verdade e no caráter do Senhor, ambos revelados na Palavra, ajudará você a enxergar o caminho à frente. O amor de Deus e sua vontade boa, agradável e perfeita se tornarão sua força motriz; assim, você encontrará paz e esperança para o futuro.

Ao começar e manter o hábito diário de leitura bíblica, você ficará impressionado com o quanto essa simples prática fortalecerá sua vida. Quanto mais você conhecer a Deus, mais o amará. Contudo, lembre-se de que o principal objetivo não é estudar **sobre** quem o Senhor é, mas passar tempo **com** ele. Não é um momento de estudo, mas de relacionamento.

Quando você reserva tempo para se dedicar a Deus todos os dias, três coisas acontecem:

Você recebe direção. O Senhor não revelará sua vida do começo ao fim, pois, se mostrasse tudo de uma vez, você provavelmente se assustaria. A Palavra dele é como um rolo que ele desenrola aos poucos; e à medida que você o obedece, ele desenrola um pouco mais. Por esse motivo, é bom fazer das palavras de Salmos 25.4-5 sua oração: "Mostra-me, Senhor, os teus caminhos, ensina-me as tuas veredas; guia-me com a tua verdade e ensina-me [...]".

Você encontra prazer no Senhor. Em momentos difíceis, quando a felicidade parece distante, o antídoto é a presença de Deus. Em Salmos 16.11, o salmista declara: "Tu me farás conhecer a vereda da vida, a alegria plena na tua presença, eterno prazer à tua direita".

Você se torna mais parecido com Cristo. É fácil perceber quem tem passado tempo com Jesus, pois essas pessoas começam a se parecer mais com ele. São gentis e humildes, pacientes e controladas, falam a verdade em amor e crescem em tudo até alcançar a altura dele (cf. Efésios 4.15, NTLH).

Passar um tempo diário com Deus é um hábito para a vida toda. Portanto, é natural que você perca um dia ou outro. Geralmente, são necessárias três semanas para se adaptar a uma nova tarefa e mais três semanas para que ela se torne um hábito. Ou seja, não se sinta culpado nem adote uma postura legalista quanto a isso. Você vive pela graça; não se puna por pular um dia. Não é assim que as coisas funcionam. Como seu tempo com o Pai Celestial diz respeito a um relacionamento, ele não pode ser regido por regras rígidas.

Por fim, nunca se esqueça de entregar tudo a Deus em oração. Simplesmente diga a ele: "Pai, reconheço que fui criado para ter comunhão com o Senhor. Obrigado por me conceder esse privilégio por meio da morte de Jesus. Sei que nossa comunhão diária é a coisa mais importante da minha vida. Desejo me comprometer a um momento diário de leitura bíblica e oração em tua presença. Confio em tua força para me ajudar a ser consistente. Em nome de Jesus, amém".

Este é apenas o começo.

Fico feliz que você tenha dedicado os últimos dez dias a buscar a Deus. Espero que continue com esse hábito lendo meu devocional *Daily Hope Devotional: 365 Days of Purpose, Peace, and Promise* [*Devocional Propósitos: 365 dias de esperança e promessas*]. É uma bênção saber que meu livro guiará você diariamente à presença de

Deus e à Palavra, na qual você encontrará propósito, paz e promessas. No site pastorrick.com, você também pode ouvir meus ensinamentos bíblicos diários e acessar outros recursos para encorajá-lo em sua caminhada na fé.

Procure pelo devocional *Devocional Propósitos: 365 dias de esperança e promessas*, paz e promessas em uma livraria de sua preferência.

Um novo começo alcançado pela ***salvação***

Se você já conhece Jesus e tem um relacionamento com ele, essa é uma ótima notícia. Se não, o primeiro passo para viver uma vida segundo os propósitos divinos é aceitar Cristo como seu Senhor e Salvador.

Entregar sua vida a Deus é a melhor maneira de recomeçar.

A salvação é um presente do Senhor. Você pode ter todos os seus pecados perdoados e ainda receber uma entrada grátis para o Céu. No entanto, embora seja gratuita, a salvação é também custosa – alguém precisou pagar por ela. Quando Jesus foi crucificado, ele pagou a dívida para que toda a humanidade fosse perdoada.

A verdade é que todos somos pecadores, e um Deus santo não poderia permitir que entrássemos em seus átrios sem que um alto preço fosse pago por nossos pecados. É por isso que não basta ser uma boa pessoa. Você precisa de um Salvador.

A Bíblia diz que “somos declarados justos diante de Deus por meio da fé em Jesus Cristo, e isso se aplica a todos que creem, sem nenhuma distinção” (Romanos 3.22, NVT).

Independentemente de quem você é ou do que tenha feito, você pode se achegar a Cristo. Comece com uma oração simples: “Deus, reconheço que pequei e segui minhas próprias vontades. Creio que Jesus morreu na cruz e ressuscitou para que eu não tivesse que pagar por meus pecados e para que pudesse viver para sempre com o Senhor. Por favor, perdoe meus erros e me aceite em sua família. Quero entregar minha vida a ti. Ajude-me a ser um servo fiel. Em nome de Jesus, amém”.

Caso tenha feito esta oração, por favor, envie um email para rick@pastorrick.com. Gostaria de compartilhar alguns materiais que ajudarão você a iniciar sua caminhada com Jesus.

As promessas de Deus para você

UM NOVO COMEÇO pode gerar incertezas. Nesses momentos, a chave para a estabilidade é se voltar para o Senhor e tudo o que a Palavra diz. Portanto, ao alinhar seus propósitos com os de Deus, lembre-se das seguintes verdades:

Deus está atento a tudo o que você está enfrentando.

"Mas o Senhor protege aqueles que o temem, aqueles que firmam a esperança no seu amor" (SALMOS 33.18).

Deus sempre age com bondade.

"Sabemos que Deus age em todas as coisas para o bem daqueles que o amam dos que foram chamados de acordo com o seu propósito" (ROMANOS 8.28).

Deus se importa com tudo o que você está passando.

"Mas, quanto a mim, ficarei atento ao Senhor, esperando em Deus, o meu Salvador, pois o meu Deus me ouvirá" (MIQUEIAS 7.7).

O plano do Senhor é sempre melhor do que o seu plano.

"'Porque sou eu que conheço os planos que tenho para vocês', diz o Senhor, 'planos de fazê-los prosperar e não de causar dano, planos de dar a vocês esperança e um futuro'" (JEREMIAS 29.11).

Deus tem o poder de transformar a sua situação.

"Peçam, e será dado; busquem, e encontrarão; batam, e a porta será aberta" (MATEUS 7.7).

Deus nunca deixará de amar você.

"Embora os montes sejam sacudidos e as colinas sejam removidas, ainda assim a minha fidelidade para com você não será abalada [...]" (ISAÍAS 54.10).

Uma vez que você coloca sua fé em Jesus Cristo, não pode perder a salvação.

"[...] sei em quem tenho crido e estou bem certo de que ele é poderoso para guardar o que lhe confiei até aquele dia" (2Timóteo 1.12).

Independentemente do que aconteça, Deus está ao seu lado.

"Quando você atravessar as águas, eu estarei com você; quando você atravessar os rios, eles não o encobrirão. Quando você andar através do fogo, não se queimará; as chamas não o deixarão em brasas" (Isaías 43.2).

Essas passagens são apenas uma amostra do quanto o Senhor deseja derramar amor, graça e perdão sobre sua vida. Ele criou você com um propósito e deseja abençoá-lo com paz, além de ajudá-lo a permanecer firme nas promessas dele. Quando precisar de um lembrete a respeito do cuidado de Deus, convido-o a reler esses versículos.

Deus criou você com um ***propósito único***

"O Senhor cumprirá seus planos para minha vida, pois teu amor, ó Senhor, dura para sempre; não me abandones, pois tu me fizeste" (Salmos 138.8, NVT).

"Confie no Senhor de todo o seu coração e não se apoie em seu próprio entendimento; reconheça o Senhor em todos os seus caminhos, e ele endireitará as suas veredas" (Provérbios 3.5-6).

"É da natureza humana fazer planos, mas o propósito do Senhor prevalecerá" (Provérbios 19.21, NVT).

"Busquem, pois, em primeiro lugar o Reino de Deus e a sua justiça, e todas essas coisas serão acrescentadas a vocês" (Mateus 6.33).

"Enquanto é dia, precisamos realizar a obra daquele que me enviou. A noite se aproxima, quando ninguém pode trabalhar"
(João 9.4).

"Todavia, não me importo, nem considero a minha vida de valor algum para mim mesmo, se tão somente puder terminar a corrida e completar o ministério que o Senhor Jesus me confiou, de testemunhar do evangelho da graça de Deus"
(Atos 20.24).

"[...] como pessoas que foram trazidas da morte para a vida, entreguem-se completamente a Deus, para que ele use vocês a fim de fazerem o que é direito"
(Romanos 6.13, NTLH).

"Portanto, meus amados irmãos, mantenham-se firmes, e que nada os abale. Sejam sempre dedicados à obra do Senhor,

pois vocês sabem que, no Senhor,
o trabalho de vocês não será inútil"
(1Coríntios 15.58).

"Porque somos criação de Deus realizada em Cristo Jesus para fazermos boas obras, as quais Deus preparou antes para nós as praticarmos"
(Efésios 2.10).

"Sejam generosos com os dons que Deus concedeu a vocês e permitam que todos participem deles: se palavras, que sejam palavras de Deus; se ajuda, que seja uma ajuda sincera da parte de Deus. Assim, a brilhante presença de Deus se tornará evidente em tudo por meio de Jesus, e ele receberá todo o crédito, na condição de quem é poderoso em tudo – para sempre, até o fim dos tempos. Amém!"
(1Pedro 4.10-11, AM).

Deus concede a você uma ***paz duradoura***

"Sejam fortes e corajosos. Não tenham medo nem fiquem apavorados por causa delas, pois o Senhor, o seu Deus, vai com vocês; nunca os deixará, nunca os abandonará"
(Deuteronômio 31.6).

"Em paz me deito e logo adormeço, pois só tu, Senhor, me fazes viver em segurança"
(Salmos 4.8).

"Os que amam a tua lei desfrutam paz, e nada há que os faça tropeçar" (Salmos 119.165).

"Tu, Senhor, guardarás em perfeita paz aquele cujo propósito está firme, porque em ti confia"
(Isaías 26.3).

"'Embora os montes sejam sacudidos e as colinas sejam removidas, ainda assim a minha fidelidade para com você não será abalada, nem será removida a minha aliança de paz', diz o Senhor, que tem compaixão de você"
(Isaías 54.10).

"Ele se estabelecerá e os pastoreará na força do Senhor, na majestade do nome do Senhor, o seu Deus. E eles viverão em segurança, pois a grandeza dele alcançará os confins da terra. Ele será a sua paz [...]"
(Miqueias 5.4-5).

"Eu disse essas coisas para que em mim vocês tenham paz. Neste mundo vocês terão aflições; contudo, tenham ânimo! Eu venci o mundo"
(João 16.33).

"Tendo sido, pois, justificados pela fé, temos paz com Deus, por nosso Senhor Jesus Cristo"
(Romanos 5.1).

"Que o Deus da esperança os encha de toda alegria e paz, por sua confiança nele, para que vocês transbordem de esperança, pelo poder do Espírito Santo"
(Romanos 15.13).

"Não andem ansiosos por coisa alguma, mas em tudo, pela oração e súplicas, e com ação de graças, apresentem seus pedidos a Deus. E a paz de Deus, que excede todo o entendimento, guardará o coração e a mente de vocês em Cristo Jesus"
(Filipenses 4.6-7).

"Que a paz de Cristo seja o juiz em seu coração, visto que vocês foram chamados para viver em paz, como membros de um só corpo. E sejam agradecidos"
(Colossenses 3.15).

Deus protege você com ***suas promessas***

"[...] Vocês sabem, lá no fundo do coração e da alma, que nenhuma das boas promessas que o Senhor, o seu Deus, fez deixou de cumprir-se. Todas se cumpriram; nenhuma delas falhou" (Josué 23.14).

"Busquei o Senhor, e ele me respondeu; livrou-me de todos os meus temores. Os que olham para ele estão radiantes de alegria; seu rosto jamais mostrará decepção. Este pobre homem clamou, e o Senhor o ouviu; e o libertou de todas as suas tribulações" (Salmos 34.4-6).

"Pois como os céus se elevam acima da terra, assim é grande o seu amor para com os que o temem; e como o Oriente está longe do Ocidente, assim ele afasta para longe de nós as nossas transgressões. Como um pai tem compaixão de seus filhos, assim o Senhor tem compaixão dos que o temem; pois ele sabe do que somos formados; lembra-se de que somos pó" (SALMOS 103.11-14).

"O amor do Senhor não tem fim! Suas misericórdias são inesgotáveis. Grande é sua fidelidade; suas misericórdias se renovam cada manhã" (LAMENTAÇÕES 3.22-23, NVT).

"[...] Arrependam-se, e cada um de vocês seja batizado em nome de Jesus Cristo para perdão dos seus pecados, e receberão o dom do Espírito Santo. Pois a promessa é para vocês, para os seus filhos e para todos os que estão longe, para todos quantos o Senhor, o nosso Deus, chamar" (ATOS 2.38-39).

"Pois quantas forem as promessas feitas por Deus, tantas têm em Cristo o 'sim'. Por isso, por meio dele, o 'Amém' é pronunciado por nós para a glória de Deus" (2CORÍNTIOS 1.20).

"O meu Deus suprirá todas as necessidades de vocês, de acordo com as suas gloriosas riquezas em Cristo Jesus"
(FILIPENSES 4.19).

"Apeguemo-nos com firmeza à esperança que professamos, pois aquele que prometeu é fiel"
(HEBREUS 10.23).

"Toda boa dádiva e todo dom perfeito vêm do alto, descendo do Pai das luzes, que não muda como sombras inconstantes"
(TIAGO 1.17).

"[...] ele nos deu as suas grandiosas e preciosas promessas, para que por elas vocês se tornassem participantes da natureza divina e fugissem da corrupção que há no mundo, causada pela cobiça"
(2PEDRO 1.4).

Referências bíblicas

Exceto em caso de indicação contrária, todas as citações bíblicas foram extraídas da Nova Versão Internacional © 2018 por Editora Vida.

As citações bíblicas marcadas com a sigla NVT são extraídas da Nova Versão Transformadora © 2016 por Editora Mundo Cristão.

As citações bíblicas marcadas com a sigla AM são extraídas da A Mensagem: Bíblia em Linguagem Contemporânea © 2014 por Editora Vida.

As citações bíblicas marcadas com a sigla NAA são extraídas da Nova Almeida Atualizada © 2017 por Sociedade Bíblica do Brasil.

As citações bíblicas marcadas com a sigla NTLH são extraídas da Nova Tradução na Linguagem de Hoje © 2000 por Sociedade Bíblica do Brasil.

Sobre o autor

Rick Warren e sua esposa, Kay, fundaram a Igreja Saddleback, a Purpose Driven Network [Rede de propósitos], o PEACE Plan [Plano PAZ] e o Hope for Mental Health [Esperança para a saúde mental]. Warren é cofundador do Celebrate Recovery [Celebrando a recuperação] e diretor executivo da coalizão Finishing the Task [Concluindo a tarefa]. Ele também é autor best-seller dos livros *Uma vida com propósitos* e *Uma igreja com propósitos*. Você pode ouvir a transmissão Daily Hope [Esperança Diária] do Pastor Rick ou se inscrever para receber o devocional gratuito Daily Hope no site pastorrick.com.

Aprenda, ame e viva a Palavra

Para encorajá-lo a seguir em direção a tudo o que Deus tem para sua vida, ouça a transmissão Daily Hope do Pastor Rick em sua plataforma de podcast favorita ou no site pastorrick.com. Isso o motivará a estudar a Bíblia e a desenvolver um relacionamento íntimo com o Senhor, essencial para que você possa viver a vida que foi destinada a você.

Continue sua jornada...

Ouça o podcast Daily Hope do Pastor Rick em sua plataforma favorita ou no site pastorrick.com.

Esta obra foi composta em *Richmond*
e impressa por Eskenazi sobre papel
Pólen Bold 90 g/m² para Editora Vida.